OPTImal GRILLEN

Impressum

HEEL Verlag GmbH
Gut Pottscheidt
53639 Königswinter
Tel.: 02223 9230-0
Fax: 02223 9230-13
info@heel-verlag.de
www.heel-verlag.de

In Zusammenarbeit mit Tefal
3. Auflage 2022

Fotos: Volker Debus, mit Ausnahme von S. 6, 8, 9,11: © Tefal
S. 128 oben: © Sabine Thyes Fotografie, www.s-thyes-fotografie.com
Foodstyling: Christine Birnbaum
Projektleitung: Hannah Kwella
Satz: Sabine Vonderstein
Icons: Designed by Vectorpocket; myriammira/ Freepik

Klimaneutral und unter Verwendung FSC®-zertifizierten Materials gedruckt

Klimaneutral
Druckprodukt
ClimatePartner.com/12515-2101-1006

MIX
Papier aus verantwortungsvollen Quellen
FSC® C084279
www.fsc.org

Printed in Slovakia

ISBN: 978-3-96664-191-3

Benjamin Hetterich

OPTImal GRILLEN

SO LEICHT GEHT LECKER

Tefal
HEEL

Inhaltsverzeichnis

Vorwort 7
OPTImale Ergebnisse 8
Die Programme 10
In Sekunden blitzsauber 11

BURGER

Hähnchen-Burger mit Pesto-Mayonnaise und Tomate 15
Leberkäse-Burger mit Sauerkraut und Laugenbrot 17
Kidneybohnen-Burger 19
Tofu-BBQ-Burger mit glasierten Zwiebeln 21
Pulled Lachs Burger mit Mango-Mayonnaise 23
Pina Colada Burger 25

GEFLÜGEL

Hoisin Hähnchen mit asiatischen Nudeln 29
Hähnchenbrustfilet mit Feta gefüllt 31
Chicken-Drumsticks mit BBQ-Cornflakes-Kruste 33
Putensteak mit Naan-Brot 35
Pollo Fino mit Feldsalat 37
Hähnchenbrustfiletstreifen im Salat 39
Hähnchenfrikadelle mit Gurkensalat 41
Entenbrustfilet auf Feldsalat mit einer Honig-Senf-Sauce 43

FISCH & MEERESFRÜCHTE

Lachs-Zucchini-Spieße Asia Style 47
Wolfsbarsch mit Ofenbrokkoli 49
Surf & Turf Spieße mit Grillbaguette 51
Garnelen mit Spaghetti und einer Weißweinsauce 53

SANDWICH

Avocado-Frischkäse-Vollkorntoasty 57
Hähnchen-Guacamole-Wraps 59
Hähnchengyros Fladenbrot mit Tsatsiki 61
Tofu-Erdnuss-Wrap 63

STEAK

Flanksteak mit Mojo Verde ... 67
Iberico Pluma mit Spätzle und Champignonsauce ... 69
Lammlachse mit Pistazienpesto und angeröstetem Bauernbrot ... 71
Marinierte Lammkoteletts mit Zucchinimus ... 73
Schweinelachs mit Gorgonzolasauce ... 75

WURST

Wildbratwurst-Birne-Spieße ... 79
Merguez mit Joghurt-Senf-Dip ... 81
Geflügelbratwurst mit selbstgemachter Currysauce ... 83
Salsiccia mit Süßkartoffel-Pommes ... 85

MANUELL

Brokkoli in Teig mit Cashew-Chili-Dip ... 89
Kartoffel-Halloumi-Spieße ... 91
Zucchinischeiben mit Kichererbsennudeln und Tomatensauce ... 93
Crunchy Aubergine mit Panade-Knoblauch-Kruste ... 95
Kartoffel-Zucchini-Puffer mit Kräuterquark ... 97
Chaffles ... 99
Champignon-Spieße mit Knoblauchdip ... 101

GEMÜSE

Süßkartoffeln mit Kräuterdip ... 105
Kartoffelscheiben mit Tomatendip ... 107
Kürbisspalten ... 109
Tomate Mozzarella Bruschetta ... 111
Knuspriger Cheese-Oregano Wrap ... 113
Juicy-Datteln im Speckmantel ... 115

SÜSSES

Honigbanane ... 119
OptiGrill-Waffel mit Vanille- und Erdbeersauce ... 121
Gegrillte Apfelscheiben mit Vanille-Joghurt ... 123
Arme Ritter Erdbeere ... 125
Himbeer-Banane-Sandwich ... 127

Tefal
OptiGrill Elite
Steak
OK

Vorwort

Der OptiGrill vereint zwei Begriffe in seinem Namen, die den sprichwörtlichen Nagel genau auf den Kopf treffen: Optimal und Grillen. Rücken diese beiden Themen in den Fokus, wird ein Gerät wie der OptiGrill zur Wunderwaffe gegen den Hunger und für den Wunsch nach einem saftig gegrillten Stück Fleisch oder Gemüse.

Egal bei welchem Wetter, egal zu welcher Jahreszeit, ob man einen Garten, einen Balkon oder keines von beiden hat, der OptiGrill ist einfach jederzeit einsatzbereit und wartet nur darauf, Ihre Gerichte mit köstlichen Röstaromen zu versehen. Ich habe mich für Sie auf die Suche nach den ultimativen Grillrezepten für diesen eleganten Kontaktgrill gemacht und meine 50 besten Kreationen aufgeschrieben – denn seit der Tefal-Allrounder bei mir Einzug gehalten hat, vergeht kaum ein Tag, an dem ich ihn nicht in den kulinarischen Tagesablauf meiner Familie integriere. Alle Gerichte sind sowohl für den OptiGrill Standard als auch für den OptiGrill Elite ausgelegt.

Auf den folgenden Seiten ist für jeden etwas dabei. Rezepte für saftige Fleischgerichte, leichte Gemüsekreationen oder süße Dessertideen.

Wie bei jedem Rezept gilt auch bei mir: Lassen Sie sich inspirieren! Rezepte sind keine exakten Bauanleitungen, sondern Zubereitungsvorschläge, an denen nach Herzenslust herumgebastelt werden darf. Sie mögen keine Zucchini oder vertragen ein bestimmtes Gewürz nicht? Ersetzen Sie die Zutaten einfach mit den Dingen, die Ihnen am besten schmecken. Tauschen Sie die herkömmliche Mayonnaise gegen eine kalorienärmere oder selbstgemachte Variante aus, wenn Sie es etwas leichter mögen.

Probieren Sie sich aus, der OptiGrill macht es einem dabei so einfach wie nur möglich!

Viel Freude beim Nachgrillen

Ihr „OptiGriller" Benni

Speisen
einlegen

Tefal
Scharfes
Anbraten ein
OK

OPTImale Ergebnisse

Der OptiGrill überzeugt als intelligenter Kontaktgrill vor allem durch seine kinderleichte Handhabung, sein edles Design und seine hervorragenden Ergebnisse. Es gibt kaum etwas, das man nicht zwischen die beiden antihaftbeschichteten Platten packen und in leckeres Grillgut verwandeln kann.

Ob man dabei das Ursprungsmodell, den OptiGrill Standard, oder den neuesten Streich aus dem Hause Tefal, den 2020 erschienenen OptiGrill Elite, verwendet, spielt für die meisten Rezepte eine untergeordnete Rolle.

Neben dem modernen und ausgefeilten Design, bietet das neue, digitale Display des OptiGrill Elite allerdings deutlich mehr Informationen gegenüber seinem Vorgänger. Die Phase des Vorheizens wird mit einem sich vorwärts bewegenden Pfeil angezeigt, so dass man im Blick hat, wie lange es noch dauert, bis das Grillgut aufgelegt werden kann. Auch der Countdown bis zur gewünschten Garstufe ist neu und verschafft einem die Möglichkeit einer punktgenauen Zubereitung aller weiteren Speisen. Die Grillboost-Funktion liefert einem die perfekten Grillstreifen was mir persönlich von allen Neuerungen am besten gefällt!

Die Programme

Die sechs Programme des Standardmodells (Burger, Steak, Geflügel, Sandwich, Wurst, Fisch) sind selbstverständlich auch beim Elite vertreten, wurden allerdings um die Modi Bacon, Meeresfrüchte, Kartoffeln, Paprika, Tomaten und Auberginen erweitert. In den Rezepten in diesem Buch biete ich Ihnen, wenn notwendig, bei den neuen Programmen des Elite immer auch die Alternative des Standardmodells an, damit auch wirklich jedes Gericht auf jedem Modell perfekt funktioniert.

Was die unterschiedlichen Programme alles leisten können, erfahren Sie nach und nach im Laufe des Buches.

Das **Burgerprogramm** beispielsweise garantiert saftige Patties, ohne das Fleisch dabei auszutrocknen. Spielend leicht wird das Hackfleisch durch die Sensortechnologie des OptiGrills auf den Punkt gebraten – außen schön knusprig, innen saftig lecker. Dabei unbedingt auf die Displayanzeige achten und das Patty rechtzeitig herausnehmen! Und wenn es mal etwas anderes als der klassische Cheese Burger sein soll, probieren Sie doch mal den köstlichen Pina Colada Burger auf Seite 25.

Das Burger Programm ist für Rindfleisch unübertroffen, aber manchmal darf es auch ein Kidney-, Leberkäse- oder Tofuburger sein. Hier kommt der praktische **Manuelle Modus** ins Spiel. Einfach das Grillgut auflegen und den Deckel schließen. Jetzt muss man nur noch die Lampe beobachten bis sie die im Rezept angegebene Farbe annimmt, bzw. das Display mit der Zeitanzeige im Blick haben – fertig!

Das **Wurstprogramm** wiederum liefert nicht nur eine 1a Wurst, sondern präsentiert sich auch beispielsweise bei unseren „Wurstspießen mit Birne“ von seiner besten Seite.

Stöbern Sie in Ruhe in den Rezepten und entdecken Sie die vielfältigen Möglichkeiten, die der OptiGrill Ihnen bietet.

In Sekunden blitzsauber

Wem das ewige Schrubben der Roste bei herkömmlichen Grills bisher ein Dorn im Auge war, der wird am OptiGrill seine wahre Freude haben. Die antihaftbeschichteten Grillplatten lassen sich mit einem Klick aus der Verankerung heben und kinderleicht reinigen. Dafür einfach mit einem herkömmlichen Schwamm oder einer Silikonbürste arbeiten. Durch die Beschichtung lösen sich die Reste des Grillguts selbst aus den Rillen ohne Probleme.

Wer es sich ganz einfach machen möchte, kann die Platten sogar in die Spülmaschine stellen! Dabei darauf achten, dass keine spitzen Gegenstände die Beschichtung zerkratzen können und genug Abstand zwischen den Platten herrscht. Selbstverständlich kann auch das Zubehör, wie die Backschale oder der Waffeleinsatz, sowie die Fettauffangschale auf direktem Wege in die Spülmaschine wandern.

Für das Zwischenreinigen bei längeren Grillsessions reicht oft schon ein Küchentuch mit dem man, vor allem, wenn man eine Grillzange benutzt, prima durch die Rillen wischen kann. Alternativ gibt es aber auch hitzebeständige Reinigungsbürsten, die sich optimal an die Form der Grillplatten anpassen.

BURGER

HÄHNCHEN-BURGER MIT
Pesto-Mayonnaise und Tomate

2 PERSONEN 15 Min. Vorbereitung 10 Min. Grillzeit

Zutaten

2 Hähnchenbrustfilets à 150 g
2 Burgerbuns
½ Packung Rucola
1 Packung Mozzarella, in Scheiben
1 Tomate, in Scheiben
1 rote Zwiebel, in Ringen

Zutaten für die Marinade:

2 EL Pflanzenöl
½ TL Cayennepfeffer
½ TL Paprikapulver
¼ TL Oregano
¼ TL Thymian
¼ TL Salz

Zutaten für die Burgersauce:

3 EL Mayonnaise
1 TL Pesto

Zubereitung

1. Für die Burgersauce die Mayonnaise mit dem Pesto verrühren.

2. Alle Zutaten für die Marinade vermengen und die Hähnchenbrustfilets damit einpinseln.

3. Die Hähnchenbrustfilets im **Programm Geflügel** grillen und anschließend in Tranchen schneiden.

4. Die Buns auf der Innenseite kurz auf einem Toaster oder in einer Pfanne anrösten.

5. Den Burger belegen. Dafür 1 EL Burgersauce, etwas Rucola, die Hähnchenbrustfiletstreifen, je 2 Scheiben Mozzarella, je 2 Scheiben Tomate, ein paar Zwiebelringe und wieder etwas Sauce übereinanderschichten.

TIPP:

Neben den klassischen Burgerbuns, schmecken solche mit Parmesan-Oregano-Kruste besonders gut dazu.

LEBERKÄSE-BURGER MIT
Sauerkraut und Laugenbrot

2 PERSONEN 10 Min. Vorbereitung 10 Min. Grillzeit

Zutaten

2 Scheiben Leberkäse
2 Laugenbrötchen
Feldsalat
100 g Sauerkraut
2 EL Röstzwiebeln
2 Radieschen, in Scheiben

Zutaten für die Burgersauce:

2 EL süßer Senf
4 TL Schmand
etwas Honig
Salz und Pfeffer

Zubereitung

1. Zunächst die Burgersauce vorbereiten. Dafür den süßen Senf mit dem Schmand und etwas Honig vermengen. Mit Salz und Pfeffer abschmecken.

2. Den Leberkäse im **Programm Vorgegarte Würstchen** goldbraun grillen. Alternativ: 8 Minuten im **Programm Manuell** (Orange/210 °C).

3. Die Laugenbrötchen auf der Innenseite auf einem Toaster oder in einer Pfanne anrösten.

4. Den Burger belegen. Dafür etwas Burgersauce, ein wenig Salat, den Leberkäse, den Sauerkraut, die Röstzwiebeln, die Radieschen und noch einen Klecks Sauce übereinanderschichten.

TIPP:

Falls man es gerne etwas schärfer mag, kann man Jalapeño-Scheiben ergänzen.

KIDNEYBOHNEN-BURGER

2 PERSONEN 15 Min. Vorbereitung 15 Min. Grillzeit

Zutaten

2 Burgerbuns
2 Scheiben Cheddar
2 TL Mayonnaise
Salatblätter
1 Tomate, in Scheiben
2 Gewürzgurken, in dünnen Scheiben
½ rote Zwiebel, in Ringen
1 Jalapeño, in Scheiben
4 TL BBQ-Sauce

Zutaten für die Burgerpatties:

150 g Kidneybohnen
75 g Kichererbsen
½ rote Zwiebel, gehackt
10 g geriebener Emmentaler
1 Ei
4 EL Paniermehl
Salz und Pfeffer
Olivenöl

Zubereitung

1. Zunächst die Patties herstellen. Dafür die Kidneybohnen und Kichererbsen in ein Sieb geben, waschen und abtropfen lassen. Anschließend mit einer Gabel zerstampfen und mit der roten Zwiebel, dem Emmentaler, dem Ei und dem Paniermehl vermengen. Mit Salz und Pfeffer würzen.

2. Die Burgermasse zu 2 gleichgroßen Burgerpatties formen und mit Olivenöl einpinseln.

3. Burgerpatties im **Programm Manuell** (Orange/ 210 °C) knusprig grillen. Anschließend die Patties herausnehmen und den Cheddar darauflegen.

4. Die aufgeschnittenen Burgerbuns auf einem Toaster oder in einer Pfanne mit etwas Öl anrösten.

5. Den Burger belegen: Dafür die Mayonnaise auf die Unterseite des Buns streichen. Dann etwas Salat, die Tomate, die Burgerpatties mit Käse, die Gewürzgurken, die rote Zwiebel, die Jalapeño und die BBQ-Sauce auf die Burgerbuns verteilen.

TOFU-BBQ-BURGER MIT
glasierten Zwiebeln

2 PERSONEN 15 Min. Vorbereitung 10 Min. Grillzeit

Zutaten

200 g Tofu (natur)
½ Zwiebel, in Ringen
Olivenöl
Salz und Pfeffer
2 Burgerbuns
2 TL Mayonnaise
50 g Feldsalat
1 Tomate, in Scheiben
2 Gewürzgurken, in Scheiben
Jalapeños, in Scheiben
BBQ-Sauce

Zubereitung

1. Die Zwiebelringe mit einem Schuss Olivenöl in einer Pfanne 15 Minuten glasig dünsten.

2. Den Tofu in 2 gleichdicke Scheiben schneiden und mit Olivenöl bepinseln. Mit Salz und Pfeffer würzen.

3. Das **Programm Manuell** (Orange/210 °C) auswählen und die Tofuscheiben etwa 6 Minuten grillen.

4. Die Burgerbuns auf der Innenseite auf einem Toaster oder in einer Pfanne anrösten.

5. Den Burger belegen. Dafür die Mayonnaise, den Feldsalat, den Tofu, die Tomatenscheiben, die glasierten Zwiebeln, die Gewürzgurken, die Jalapeños und die BBQ-Sauce übereinanderschichten.

PULLED LACHS BURGER MIT
Mango-Mayonnaise

2 PERSONEN 20 Min. Vorbereitung 10 Min. Grillzeit

Zutaten

250 g Lachs
½ Mango
1 Zwiebel, gehackt
Rapsöl
50 g Mayonnaise
Salz und Pfeffer
1 Nori-Blatt
2 Burgerbuns
20 g Asia-Gemüse aus dem Glas
5 g eingelegter Ingwer

Zubereitung

1. Zunächst die Mango würfeln und zusammen mit der Zwiebel in etwas Rapsöl 10 Minuten andünsten und anschließend abkühlen lassen.

2. Die Mango-Zwiebel-Masse pürieren und mit der Mayonnaise vermengen. Mit Salz und Pfeffer abschmecken.

3. Das Nori-Blatt in dünne Streifen schneiden.

4. Das Lachsfilet im **Programm Fisch** grillen und anschließend mit Salz und Pfeffer würzen.

5. Die Burgerbuns auf der Innenseite auf einem Toaster oder in einer Pfanne anrösten.

6. Das Lachsfilet mit 2 Gabeln zupfen.

7. Den Burger belegen. Dafür etwas Mango-Sauce, den Lachs, das Asia-Gemüse, den eingelegten Ingwer und die Nori-Streifen übereinanderschichten.

8. Den Burger z. B. mit Pommes frites servieren und die restliche Sauce als Dip verwenden.

PINA COLADA BURGER

2 PERSONEN 10 Min. Vorbereitung 20 Min. Grillzeit

Zutaten

300 g Rinderhackfleisch
40 g Bacon
Salz und Pfeffer
2 Scheiben Emmentaler
2 Scheiben Ananas
2 Burgerbuns

Zutaten für die Burgersauce:

4 Scheiben Ananas
2 EL Kokosmilch

Zubereitung

1. Für die Sauce zunächst die Ananas zusammen mit der Kokosmilch pürieren.

2. Den Bacon im **Programm Bacon** knusprig grillen. Alternativ im **Programm Manuell** (Orange/ 210 °C).

3. Das Rinderhackfleisch mit Salz und Pfeffer würzen, zwei Burgerpatties formen und im **Programm Burger** grillen. Herausnehmen und den Emmentaler anschließend auf die Burgerpatties geben.

4. Den Burger belegen. Dafür den Bacon, die Burgerpatties, die Ananasscheiben und die Sauce auf die Buns aufteilen.

TIPP:

Falls man es gerne scharf mag, kann man außerdem Jalapeño-Scheiben ergänzen.

GEFLÜGEL

HOISIN HÄHNCHEN MIT asiatischen Nudeln

2 PERSONEN 15 Min. Vorbereitung + 2 Stunden Marinierzeit 15 Min. Grillzeit

Zutaten

2 Hähnchenbrustfilets à 150 g
1 Packung Asia Nudeln (Mie-Nudeln)
1 Glas Asia Gemüse (eingelegt)
Sojasauce
1 Lauchzwiebel

Zutaten für die Marinade:
3 EL Hoisin-Sauce
4 EL Sojasauce
2 EL Olivenöl
1 Stück (3 cm) Ingwer, gehackt
1 Knoblauchzehe, gehackt
1 Schuss Zitrone

Zubereitung

1. Die Zutaten für Marinade vermengen und zusammen mit den Hähnchenbrustfilets zum Marinieren in eine Tüte geben. 2 Stunden im Kühlschrank marinieren lassen.

2. Das **Programm Geflügel** auswählen und die Hähnchenbrustfilets grillen.

3. Währenddessen die Asia-Nudeln 4 Minuten kochen, in eine heiße Pfanne geben und zusammen mit der restlichen Marinade, dem Asia-Gemüse und etwas zusätzlicher Sojasauce 4 Minuten anbraten.

4. Das Hähnchenbrustfilet aufschneiden, auf den Asia-Nudeln servieren und mit Lauchzwiebel in Ringen garnieren. Etwas Hoisin-Sauce über das Hähnchen träufeln und servieren.

HÄHNCHENBRUSTFILET MIT
Feta gefüllt

2 PERSONEN 15 Min. Vorbereitung 15 Min. Grillzeit

Zutaten

2 Hähnchenbrustfilets
40 g Feta
1 EL frisches Basilikum, gehackt
1 TL frische Petersilie, gehackt
3 Cherrytomaten
Salz und Pfeffer

Zahnstocher

Zubereitung

1. Vorsichtig Taschen in die Hähnchenbrustfilets einschneiden.

2. Den Feta in eine Schüssel bröseln, den Basilikum und die Petersilie dazugeben. Die Cherrytomaten in Scheiben schneiden und mit in die Schüssel geben. Alles vermengen und mit Salz und Pfeffer abschmecken.

3. Die Hähnchenbrustfilets mit der Masse befüllen.

4. Die Öffnung der Filets mit den Zahnstochern verschließen.

5. Das **Programm Geflügel** auswählen und das Fleisch grillen.

6. Die Hähnchenbrustfilets z. B. mit Ofenkartoffeln und Kräuterquark zum Dippen servieren.

CHICKEN-DRUMSTICKS MIT
BBQ-Cornflakes-Kruste

4 PERSONEN 10 Min. Vorbereitung + 2 Stunden Marinierzeit 25 Min. Grillzeit

Zutaten

1 kg Hähnchenunterschenkel
50 g Cornflakes
100 ml BBQ-Sauce

Zutaten für die Marinade:
6 EL Pflanzenöl
2 TL Paprikapulver
1 TL Salz
½ TL Knoblauchpulver

Zubereitung

1. Für die Marinade das Pflanzenöl und die Gewürze vermischen und die Hähnchenunterschenkel in einer Tüte damit 2 Stunden im Kühlschrank marinieren.

2. Die Schenkel im **Programm Geflügel** knusprig grillen und zwischendrin nochmals mit der Marinade bepinseln.

3. Die Cornflakes kleinbröseln und diese, sowie die BBQ-Sauce, jeweils in ein kleines Schälchen geben.

4. Die gegrillten Hähnchenunterschenkel erst in die BBQ-Sauce und dann in die Cornflakes dippen und servieren.

PUTENSTEAK MIT NAAN-BROT

2 PERSONEN 15 Min. Vorbereitung + 2 Stunden Marinierzeit 10 Min. Grillzeit

Zutaten

2 Putenschnitzel
2 Naan-Brote
Koriander zum Garnieren

Zutaten für die Marinade:

1 EL Joghurt
1 TL rote Currypaste
Salz und Pfeffer

Zutaten für den Dip:

3 EL Joghurt
½ TL Dijon-Senf
½ Karotte, fein geraspelt
¼ rote Zwiebel, gehackt
Salz und Pfeffer

Zubereitung

1. Die Zutaten für die Marinade aus Joghurt, roter Currypaste, Salz und Pfeffer in einen Beutel geben.

2. Die Putenschnitzel mit in den Beutel geben und kurz durchkneten, um die Marinade gut zu verteilen. 2 Stunden im Kühlschrank marinieren.

3. Die Zutaten für den Dip vermengen und mit Salz und Pfeffer abschmecken.

4. Das Naan-Brot im **Programm Sandwich** leicht angrillen.

5. Anschließend die marinierten Putenschnitzel im **Programm Geflügel** goldbraun grillen.

6. Die Putenschnitzel mit Naan-Brot und Dip servieren und mit Koriander garnieren.

POLLO FINO MIT FELDSALAT

4 PERSONEN 15 Min. Vorbereitung + 2 Stunden Marinierzeit 15 Min. Grillzeit

Zutaten

1 kg Pollo Fino

Zutaten für die Marinade:

6 EL Olivenöl
1 TL Paprikapulver
½ TL Pfeffer
¼ TL Knoblauchpulver
¼ TL Salz
¼ TL Kräuter der Provence

Zutaten für den Beilagensalat:

1 Packung Feldsalat
½ rote Zwiebel, in Halbringen
50 g Cherrytomaten, halbiert

Zutaten für das Salatdressing:

8 EL Olivenöl
4 EL Balsamico
1 TL Senf
1 TL Honig
Salz und Pfeffer

Zubereitung

1. Die Zutaten für die Marinade vermischen und in einer Tüte zusammen mit den Pollo Fino im Kühlschrank für 2 Stunden marinieren.

2. Die Zutaten für das Salatdressing verrühren und mit Salz und Pfeffer abschmecken.

3. Den Salat, die Zwiebel und die Cherrytomaten für den Salat vorbereiten.

4. Die Pollo Fino im **Programm Geflügel** knusprig grillen.

5. Gegrillte Pollo Fino zusammen mit dem Salat servieren.

HÄHNCHENBRUSTFILETSTREIFEN
im Salat

2 PERSONEN 15 Min. Vorbereitung + 1 Stunde Lagerung in der Brine 10 Min. Grillzeit

Zutaten

300 g Hähnchenbrustfilet
200 g Salat
50 g Cherrytomaten
½ rote Zwiebel, in Ringen
50 g Parmesan gehobelt
25 g Croutons

Zutaten für die Brine:

1 l Wasser
50 g Salz
1 EL brauner Zucker

Zutaten für das Dressing:

3 EL Olivenöl
2 EL Kräuteressig
½ TL Senf
Salz und Pfeffer

Zubereitung

1. Die Zutaten für die Brine gut verrühren und die Hähnchenbrustfilets für 1 Stunden darin liegen lassen.

2. Die Zutaten für das Salatdressing verrühren und mit Salz und Pfeffer abschmecken.

3. Die Cherrytomaten für den Salat halbieren.

4. Die Hähnchenbrustfilets im **Programm Geflügel** grillen.

5. Währenddessen den Salat mit den Tomaten, den Zwiebelringen, dem Parmesan und den Croutons und dem Dressing anrichten.

6. Sobald das Hähnchen fertig ist, herausnehmen und in Streifen schneiden. Über den Salat geben und servieren.

HÄHNCHENFRIKADELLE MIT Gurkensalat

2 PERSONEN 20 Min. Vorbereitung 15 Min. Grillzeit

Zutaten

300 g Hähnchenhackfleisch
1 Brötchen vom Vortag
1 TL Senf
1 TL Pfeffer
1 TL Salz
1 TL Majoran, gerebelt
½ Zwiebel, gehackt
1 Prise Cumin, gemahlen

Zutaten für den Gurkensalat:

1 Gurke
½ Becher Schmand
½ TL Salz
etwas frischer Dill

Zubereitung

1. Für den Gurkensalat die Gurke halbieren, entkernen und in kleine Streifen schneiden. Anschließend mit dem Schmand vermengen. Salz und Dill hinzufügen.

2. Die Brötchen mit einer groben Reibe reiben, mit den restlichen Zutaten für die Hackfleischfrikadellen vermengen und 5 gleichgroße Kugeln formen.

3. Die Hähnchenfrikadellen im **Programm Geflügel** knusprig grillen. Anschließend zusammen mit dem Gurkensalat servieren.

TIPP:

Falls die Hackfleischmischung zu flüssig ist, kann man diese mit Paniermehl ergänzen und griffiger machen.

ENTENBRUSTFILET AUF FELDSALAT
mit einer Honig-Senf-Sauce

2 PERSONEN 15 Min. Vorbereitung 15 Min. Grillzeit

Zutaten

2 Entenbrustfilets à 200 g
1 Orange
Feldsalat
Salz und Pfeffer

Zutaten für das Dressing:

3 EL Olivenöl
3 EL Honig
1 EL Senf
1 EL Mayonnaise
1 EL Schnittlauch, in Röllchen
etwas Wasser
Salz und Pfeffer

Zubereitung

1. Die Zutaten für das Dressing vermischen und mit Salz und Pfeffer abschmecken.

2. Die Orange schälen und Orangenfilets zurechtschneiden.

3. Die Fettschicht der Entenbrustfilets kreuzförmig einritzen.

4. Die Ente im **Programm Steak** knusprig grillen.

5. Die Entenbrustfilets mit etwas Salz und Pfeffer würzen und in Streifen schneiden. Den Salat mit Dressing, Entenbruststreifen und Orangefilets anrichten.

TIPP:

Eine Orange filetiert man, indem man zunächst mit einem Messer die Schale grob abschneidet und anschließend vorsichtig die restlichen weißen Schalenteile von der Frucht entfernt. Danach mit etwas Fingerspitzengefühl die Fruchtspalten aus den Trennwänden herausschneiden – fertig.

FISCH & MEERESFRÜCHTE

LACHS-ZUCCHINI-SPIESSE

Asia Style

4 PERSONEN 15 Min. Vorbereitung + 2 Stunden Marinierzeit 5 Min. Grillzeit

Zutaten

500 g Lachsfilet
1 Zucchini
2 EL Sesamkörner

Zutaten für die Marinade:

2 TL Hoisin-Sauce
2 EL Sojasauce
1 EL Pflanzenöl
2 Knoblauchzehen, gehackt
2 TL Honig

8 Spieße

Zubereitung

1. Die Zutaten für die Marinade vermengen.

2. Den Lachs und die Zucchini in gleichgroße Würfel schneiden. Anschließend für 2 Stunden in einer Tüte mit der Marinade im Kühlschrank marinieren.

3. Die Spieße abwechselnd mit Lachs und Zucchini bestücken.

4. **Programm Fisch** auswählen und die Lachs-Spieße grillen.

5. Die Spieße mit Sesamkörnern garnieren.

WOLFSBARSCH
mit Ofenbrokkoli

2 PERSONEN 15 Min. Vorbereitung 10 Min. Grillzeit

Zutaten

2 Wolfsbarsche
1 Brokkoli
1 EL Olivenöl
2 EL Pinienkerne
Salz und Pfeffer
2 Zitronenscheiben
2 TL Kapern
2 Rosmarinzweige

Zubereitung

1. Den Brokkoli in Röschen schneiden und mit dem Olivenöl und den Pinienkernen in eine Auflaufform geben. Salzen und im vorgeheizten Backofen bei 180 °C Umluft 10 Minuten backen.

2. Die Wolfsbarsche innen mit Salz und Pfeffer würzen und mit jeweils einer Zitronenscheibe, den Kapern und jeweils einem Rosmarinzweig füllen.

3. **Programm Fisch** auswählen und die Wolfsbarsche knusprig grillen. Der Fisch bleibt saftig, wenn man ihn auf der Stufe „Gelb" herausnimmt. Am besten eignen sich für dieses Rezept die XL-Modelle des OptiGrills, da die Fische für die kleineren Versionen gegebenenfalls zu groß sein könnten.

4. Die Wolfsbarsche mit dem Ofenbrokkoli anrichten und servieren.

SURF & TURF SPIESSE MIT
Grillbaguette

2 PERSONEN 15 Min. Vorbereitung 10 Min. Grillzeit

Zutaten

300 g Ribeye
250 g Garnelen
1 Baguette
Olivenöl
1 Knoblauchzehe
100 g Butter
1 TL Thymian
Salz und Pfeffer
Koriander, gehackt

Holzspieße

Zubereitung

1. Das Baguette in gleichdicke Scheiben schneiden und mit etwas Olivenöl bepinseln.

2. Die Baguettescheiben im **Programm Sandwich** knusprig grillen. Danach mit einer halbierten Zehe Knoblauch bestreichen.

3. Das Ribeye in gleichgroße Würfel schneiden und zusammen mit den Garnelen auf Holzspieße aufspießen. Dabei darauf achten, dass Fleisch und Fisch keine allzu großen Unterschiede in der Höhe aufweisen, damit beides gleichmäßig auf den Kontaktflächen aufliegt.

4. Die Butter in einem Topf leicht erhitzen und den Thymian und etwas Salz und Pfeffer dazugeben.

5. Die Spieße im **Programm Steak** medium rare grillen.

6. Die Thymianbutter über Spieße und die Baguettescheiben träufeln und mit Koriander garnieren.

GARNELEN MIT SPAGHETTI UND einer Weißweinsauce

2 PERSONEN 10 Min. Vorbereitung 20 Min. Grillzeit

Zutaten

200 g Garnelen
2 EL Olivenöl
Salz und Pfeffer
250 g Linguine

Zutaten für die Sauce:

1 rote Zwiebel, gehackt
1 Knoblauchzehe, gehackt
2 EL Olivenöl
1 Zweig Rosmarin
1 Schuss Weißwein
200 g Sahne
30 g Parmesan, gerieben
8 Cherrytomaten, halbiert
½ TL Oregano
1 Spritzer Limettensaft
eine Handvoll frisches Basilikum, gehackt
Salz und Pfeffer

Zubereitung

1. Die Garnelen mit dem Olivenöl und etwas Salz und Pfeffer vermengen und im **Programm Meeresfrüchte** grillen. Alternativ: **Programm Fisch**.

2. Die Linguine nach Verpackungsanweisungen kochen.

3. Für die Sauce zunächst die Zwiebel und den Knoblauch mit etwas Olivenöl in einer Pfanne dünsten.

4. Den Rosmarinzweig hinzugeben, mit einem Schuss Weißwein ablöschen und mit Sahne auffüllen, nachdem der Wein etwas runtergekocht ist. Den Herd auf mittlere Hitze runterstellen, so dass die Sauce nur leicht köchelt.

5. Den Parmesan in die Sauce einrühren.

6. Die Cherrytomaten und den Oregano hinzugeben. Mit einem Schuss Limettensaft verfeinern.

7. Das Basilikum unterheben und mit Salz und Pfeffer abschmecken.

8. Zum Schluss die gekochten Linguine und die gegrillten Garnelen dazugeben und vermischen.

9. Garnelen-Linguine servieren und mit frischem Basilikum garnieren.

SANDWICH

AVOCADO-FRISCHKÄSE-
Vollkorntoasty

2 PERSONEN 5 Min. Vorbereitung 5 Min. Grillzeit

Zutaten

4 Vollkorntoastbrötchen
8 TL Kräuterfrischkäse
½ rote Zwiebel, in Halbringen
1 Avocado, in Streifen geschnitten
1 Tomate
Salz und Pfeffer

Zubereitung

1. Die Toastbrötchenscheiben jeweils von innen mit Kräuterfrischkäse bestreichen.

2. Die untere Toastbrötchenhälfte mit ein paar Zwiebelringen, Avocadostreifen und einer Tomatenscheibe belegen. Mit etwas Salz und Pfeffer würzen.

3. Das Vollkorntoasty im **Programm Sandwich** grillen.

TIPP:

Die Cajun-Gewürzmischung besteht aus diesen Zutaten und kann super zum Marinieren von Fleisch oder zum Würzen z. B. von Pommes frites verwendet werden:

2 TL Salz | 2 TL Paprikapulver scharf | ½ TL Cayenne-pfeffer | ½ TL Oregano, gerebelt | ½ TL Pfeffer | ½ TL weißer Pfeffer | ½ TL Chilipulver | ¼ TL Knoblauchpulver

HÄHNCHEN-GUACAMOLE-WRAPS

2 PERSONEN 15 Min. Vorbereitung + 2 Stunden Marinierzeit 25 Min. Grillzeit

Zutaten

300 g Hähnchenbrustfilet
6 Wraps
100 g Cheddar
1 rote Paprika, klein gewürfelt
1 Karotte, gerieben
½ Becher Schmand

Zutaten für die Marinade:

1 TL der selbstgemischten Cajun-Gewürzmischung (Rezept, siehe Seite 58)
2 EL Olivenöl

Zutaten für die Guacamole:

2 Avocado
½ Limette
1 rote Zwiebel, gehackt
1 EL frischer Koriander, gehackt
Salz und Pfeffer

Zubereitung

1. Für die Guacamole die Avocados entkernen, schälen und mit einer Gabel zerdrücken. Den Saft einer halben Limette dazupressen. Mit Zwiebeln, Koriander, Salz und Pfeffer abschmecken. Guacamole kühl stellen.

2. Den Cajun-Rub mit dem Olivenöl vermischen, über die Hähnchenbrustfilets in eine Tüte geben und mindestens 2 Stunden im Kühlschrank marinieren lassen.

3. Die Hähnchenbrustfilets im **Programm Geflügel** grillen und anschließend der Länge nach dritteln.

4. Den Wrap mittig mit Guacamole, dem Cheddar, der Paprika, den Hähnchenbrustfiletstreifen, der geriebenen Karotten und dem Schmand füllen. Die Außenseiten zur Mitte klappen und von unten den Wrap unter Zug aufrollen.

5. Wraps im **Programm Sandwich** knusprig grillen.

6. Wraps zusammen mit Guacamole und Schmand als Dips servieren und mit Koriander garnieren.

HÄHNCHENGYROS FLADENBROT
mit Tsatsiki

2 PERSONEN 15 Min. Vorbereitung + 2 Stunden Marinierzeit 20 Min. Grillzeit

Zutaten

400 g Hähnchenbrustfilet
300 g Krautsalat (Essig)
Fladenbrot
1 rote Zwiebel

Zutaten für die Marinade:

8 EL Olivenöl
1 Zwiebel, gehackt
2 Knoblauchzehen, gehackt
2 TL Oregano, gerebelt
1 TL Thymian, gerebelt
2 TL Paprikapulver
¼ TL Kreuzkümmel, gemahlen
Salz und Pfeffer

Zutaten für das Tsatsiki:

½ Gurke, klein gewürfelt
300 g Joghurt
1 Knoblauchzehe, gehackt
2 EL Olivenöl
Salz und Pfeffer

Zubereitung

1. Die Gurke nach dem Würfeln salzen und etwa 15 Minuten stehen lassen, sodass sich das Gurkenwasser absetzt. Anschließend durch ein Küchenhandtuch auswringen und die entwässerten Gurkenstückchen in eine Schüssel geben.

2. Die restlichen Zutaten für das Tsatsiki dazugeben, alles vermengen und in den Kühlschrank stellen.

3. Das Hähnchenbrustfilet entgegen der Faser in Streifen schneiden. Die Zutaten für die Marinade vermengen, zusammen mit den Hähnchenstreifen in eine Tüte geben und mindestens 2 Stunden im Kühlschrank marinieren lassen.

4. Das Fladenbrot vierteln und im **Programm Sandwich** knusprig antoasten.

5. Die Hähnchenbruststreifen im **Programm Geflügel** grillen.

6. Die Brotteile aufschneiden und mit Tsatsiki, Hähnchenbrustfiletstreifen, einigen Ringen der roten Zwiebel und dem Krautsalat füllen. Noch einen Klecks Tsatsiki obenauf geben.

7. Fladenbrote zusammen mit etwas Krautsalat servieren.

TOFU-ERDNUSS-WRAP

2 PERSONEN 15 Min. Vorbereitung + 2 Stunden Marinierzeit 15 Min. Grillzeit

Zutaten

100 g Tofu
5 Wraps
Kresse
eine Handvoll Cashewkerne
½ Paprika, in kleine Würfel geschnitten

Zutaten für die Marinade:

2 EL Olivenöl
1 TL Tomatenmark
1 EL Reisessig
2 EL Sojasauce
1 TL Honig
1 Knoblauchzehe, gehackt
Salz und Pfeffer

Zutaten für die Erdnusssauce:

2 EL Erdnussbutter
1 EL Sojasauce
2 EL heißes Wasser
1 EL Kokosmilch
1 TL brauner Zucker
etwas Reisessig

Zubereitung

1. Den Tofu in gleichmäßig dicke Streifen schneiden.

2. Die Zutaten für die Marinade vermischen und zusammen mit dem Tofu in eine Tüte geben. Diese dann 2 Stunden im Kühlschrank marinieren.

3. Tofu im **Programm Veggie-Steak** knusprig grillen. Alternativ: Für 8 Minuten im **Programm Manuell** (Orange/210 °C).

4. Die Zutaten für die Erdnusssauce gut vermengen.

5. Den Wrap mit einem Streifen Tofu, etwas Erdnusssauce, ein wenig Kresse, ein paar Cashewkernen und Paprikawürfel füllen und zurollen.

6. Die Wraps im **Programm Sandwich** knusprig grillen und anschließend mit der Erdnusssauce als Dip servieren.

STEAK

FLANKSTEAK MIT MOJO VERDE

2 PERSONEN 20 Min. Vorbereitung 15 Min. Grillzeit

Zutaten

1 Flanksteak
grobes Meersalz
Pfeffer

Zutaten für die Mojo Verde:
1 Scheibe Toastbrot
20 ml Rotweinessig
½ Bund glatte Petersilie
½ Bund Koriander
½ grüne Paprika, in Streifen
2 Knoblauchzehen
70 ml Olivenöl
Salz und Pfeffer

Zubereitung

1. Zunächst die Mojo Verde vorbereiten. Dafür das Toastbrot in kleine Würfel schneiden und mit dem Rotweinessig, der Petersilie, dem Koriander, der grünen Paprika und dem Knoblauch in einer Küchenmaschine mixen. Das Olivenöl dazugeben und nochmal kurz mixen. Mit Salz und Pfeffer abschmecken.

2. Das Flanksteak 2 Stunden vorher aus dem Kühlschrank holen, abtupfen, parieren und mit etwas grobem Meersalz bestreuen.

3. Das Fleisch im **Programm Steak** saftig grillen.

4. Flanksteak anschließend 3 Minuten ruhen lassen, quer zur Faser in Tranchen schneiden, pfeffern und zusammen mit der Mojo Verde servieren.

TIPP:

Als Beilage kann man Kartoffelwedges oder Pommes reichen.

IBERICO PLUMA MIT SPÄTZLE
und Champignonsauce

2 PERSONEN 10 Min. Vorbereitung 5 Min. Grillzeit

Zutaten

400 g Iberico Pluma
400 g frische Spätzle
Salz und Pfeffer

Zutaten für die Sauce:
3 Schalotten, gehackt
1 EL Pflanzenöl
120 g Champignons, geviertelt
100 ml Weißwein
200 ml Bratenfond
1 Becher Sahne
2 TL Speisestärke
1 Handvoll frische Petersilie gehackt
Salz und Pfeffer

Zubereitung

1. Für die Sauce die Schalotten in 1 EL Pflanzenöl dünsten. Anschließend die Champignons dazugeben.

2. Mit dem Weißwein ablöschen, runterkochen lassen und mit dem Bratenfond auffüllen.

3. Die Sahne dazugeben, 2 TL Speisestärke in etwas Wasser auflösen und unterrühren. Weiterköcheln lassen bis die Sauce eine schöne Konsistenz hat.

4. Währenddessen die Spätzle nach Packungsanleitung kochen.

5. Sobald die Sauce die geeignete Konsistenz hat, die Petersilie dazugeben und mit Salz und Pfeffer abschmecken. Frische Spätzle unterheben und warmhalten.

6. Das Iberico Pluma im **Programm Steak** grillen. Dabei darauf achten, dass das Fleisch durchgegart ist.

7. Das Pluma salzen und pfeffern und zusammen mit den Champignon-Sahne-Spätzle servieren.

LAMMLACHSE MIT PISTAZIENPESTO
und angeröstetem Bauernbrot

2 PERSONEN 15 Min. Vorbereitung 10 Min. Grillzeit

Zutaten

400 g Lammlachse
Olivenöl
Salz und Pfeffer
4 Scheiben Bauernbrot
1 Knoblauchzehe, halbiert

Zutaten für die Sauce:

40 g Pistazien
40 g Rucola
40 g Parmesan, gerieben
9 cl Olivenöl
Salz und Pfeffer

Zubereitung

1. Alle Zutaten für das Pistazien-Pesto im Mixer pürieren.
2. Die Lammlachse mit Olivenöl einpinseln und mit Salz und Pfeffer würzen.
3. Die Bauernbrotscheiben ebenfalls mit etwas Olivenöl bepinseln und im **Programm Sandwich** knusprig grillen. Danach mit einer halbierten Knoblauchzehe darüberstreichen.
4. Lammlachse im **Programm Lamm** grillen. Alternativ im **Programm Steak** .
5. Lammlachse zusammen mit dem Pistazien-Pesto und dem gegrillten Bauernbrot servieren.

MARINIERTE LAMMKOTELETTS
mit Zucchinimus

2 PERSONEN 15 Min. Vorbereitung + 1 Stunde Marinierzeit 20 Min. Grillzeit

Zutaten

6 Lammkoteletts

Zutaten für die Marinade:

1 EL mediterrane Gewürzmischung
50 ml Olivenöl
Saft von 1 Bio-Zitrone
2 Knoblauchzehen, gehackt

Zutaten für das Zucchinimus:

1 Zucchini, in Scheiben
2 EL Tahini
3 EL Olivenöl
1 TL Oregano, gerebelt
1 Spritzer Zitronensaft
Salz und Pfeffer

Zubereitung

1. Die Zutaten für die Marinade vermischen, zusammen mit den Lammkoteletts in eine Tüte geben und für 1 Stunde im Kühlschrank marinieren.

2. Die Zucchinischeiben mit etwas Olivenöl einpinseln und im **Programm Manuell** (Orange/220 °C) grillen.

3. Die gegrillten Zucchinischeiben, die Tahini, 3 EL Olivenöl und den Oregano in einem Mixer pürieren und mit einem Spritzer Zitronensaft und etwas Salz und Pfeffer abschmecken.

4. Die Lammkoteletts im **Programm Lamm** grillen. Alternativ das **Programm Steak** verwenden.

5. Gegrillte Lammkoteletts mit dem Zucchinimus servieren.

SCHWEINELACHS MIT
Gorgonzolasauce

4 PERSONEN 15 Min. Vorbereitung 30 Min. Grillzeit

Zutaten

800 g Schweinelachssteaks
400 g Nudeln, z. B. Fussili
Salz und Pfeffer

Zutaten für die Gorgonzolasauce:

½ Zwiebel, gehackt
1 Knoblauchzehe, gehackt
Olivenöl
½ Tasse Weißwein
2 Becher Sahne
50 g Gorgonzola
½ TL Pfeffer
1 Spritzer Limettensaft
1 Brokkoli, in Röschen zerlegt

Zubereitung

1. Für die Sauce die Zwiebel und den Knoblauch in etwas Olivenöl andünsten.

2. Mit dem Weißwein ablöschen und etwas kochen lassen, sodass der Wein sich reduziert.

3. Die Sahne und den Gorgonzola dazugeben und bei mittlerer Hitze leicht köcheln lassen.

4. Mit Pfeffer würzen und einen Spritzer Limettensaft dazugeben.

5. Den Brokkoli unter die Sauce heben und 10 Minuten zusammen erhitzen.

6. Währenddessen die Nudeln nach Verpackungsanleitung kochen.

7. Die Schweinelachssteaks im **Programm Schwein** grillen. Alternativ im **Programm Steak** durchgrillen.

8. Den gegrillten Schweinelachs mit Salz und Pfeffer würzen und zusammen mit der Gorgonzolasauce und den Nudeln servieren.

WURST

WILDBRATWURST-
Birne-Spieße

2 PERSONEN 10 Min. Vorbereitung 10 Min. Grillzeit

Zutaten

3 rohe Wildbratwürste
1 Birne
½ rote Zwiebel, in Spalten

6 Holzspieße

Zubereitung

1. Die Wildbratwürste und die Birne in gleichgroße Stücke schneiden.

2. Spieße abwechselnd mit Wildbratwurst, Birne und Zwiebel bestücken.

3. Die Spieße im **Programm Wurst** goldbraun grillen.

MERGUEZ MIT JOGHURT-SENF-DIP

4 PERSONEN 10 Min. Vorbereitung 10 Min. Grillzeit

Zutaten

8 Merguez Würste

Zutaten für den Joghurt-Dip:

4 EL Joghurt
2 EL Mayonnaise
1 Spritzer Zitronensaft
1 TL frischer Dill, gehackt
1 TL frische Petersilie, gehackt
1 Schuss Olivenöl
Salz und Pfeffer
1 Prise Zucker

Zubereitung

1. Die Zutaten für den Joghurtdip miteinander vermengen.

2. Die Merguez im **Programm Wurst** grillen.

3. Gegrillte Merguezwürstchen mit dem Joghurtdip servieren.

GEFLÜGELBRATWURST MIT selbstgemachter Currysauce

2 PERSONEN 20 Min. Vorbereitung 10 Min. Grillzeit

Zutaten

4 Geflügelbratwürste

Zutaten für die Sauce:

1 Apfel, in kleinen Würfeln
1 Zwiebel, gewürfelt
Olivenöl
1 TL Tomatenmark
1 TL rote Currypaste
½ Dose Dr. Pepper oder Cola
2 EL Worcestersauce
1 TL Gemüsebrühpulver
500 g passierte Tomaten
2 EL Honig

Zubereitung

1. Für die Sauce zunächst die Apfel- und Zwiebelwürfel in einer Pfanne mit etwas Olivenöl andünsten.

2. Das Tomatenmark und die Currypaste hinzugeben, kurz mit anbraten und dann mit Dr. Pepper bzw. der Cola ablöschen und reduzieren lassen.

3. Die Hitze reduzieren. Die Worcestersauce und das Gemüsebrühpulver hinzugeben und mit den passierten Tomaten und dem Honig auffüllen und verrühren. Einige Zeit köcheln lassen bis eine schöne Saucenkonsistenz erreicht ist.

4. Währenddessen die Geflügelbratwurst im **Programm Vorgegarte Wurst** grillen. Alternativ: etwa 10 Minuten im **Programm Manuell** (Orange/210 °C) grillen.

5. Bratwurst mit selbstgemachter Currysauce servieren.

TIPP:

Restliche Sauce kann man gut in ein Einkochglas abfüllen, im Kühlschrank lagern und in den nächsten Tagen aufbrauchen.

SALSICCIA MIT
Süßkartoffel-Pommes

2 PERSONEN 20 Min. Vorbereitung 20 Min. Grillzeit

Zutaten

6 Salsiccia Würste
2 Süßkartoffeln
4 EL Olivenöl
2 EL Speisestärke
1 TL Meersalz
40 g Kräuterquark

Zubereitung

1. Die Süßkartoffeln schälen, in Streifen schneiden und mit dem Olivenöl, der Speisestärke und dem Meersalz vermengen.

2. Süßkartoffelpommes im vorgeheizten Backofen bei 200 °C Umluft knusprig backen.

3. Die Salsiccia im **Programm Wurst** grillen.

4. Gegrillte Salsiccia mit Süßkartoffelpommes und Kräuterquark servieren.

MANUEL

BROKKOLI IN TEIG
mit Cashew-Chili-Dip

2 PERSONEN 20 Min. Vorbereitung 5 Min. Grillzeit

Zutaten

150 g Brokkoli
1 Ei
1 EL Mehl
1 EL Olivenöl
Salz und Pfeffer
½ TL Chilipulver
Korianderblätter zum Garnieren

Zutaten für den Cashew-Dip:

60 g Cashew
1 kleine Chili
1 TL Sojasauce
1 EL Joghurt
2 EL Olivenöl
Salz und Pfeffer

Zubereitung

1. Für den Dip die Cashewkerne und die Chili im Mixer körnig pürieren.

2. Die Sojasauce, den Joghurt und das Olivenöl zur Cashew-Chili-Mischung dazugeben, vermengen und mit Salz und Pfeffer abschmecken.

3. Gleichgroße Brokkoli-Stücke schneiden.

4. Das Ei mit dem Mehl, dem Olivenöl, etwas Salz und Pfeffer und dem Chilipulver verrühren.

5. Die Brokkoli-Stücke in die Teigmischung geben und vermengen.

6. Die Brokkoli-Stücke im **Programm Manuell** (Orange/210 °C) 5–7 Minuten knusprig grillen.

7. Brokkoli mit Cashew-Chili-Dip servieren und mit etwas Koriander garnieren.

KARTOFFEL-HALLOUMI-SPIESSE

2 PERSONEN 20 Min. Vorbereitung + 1 Stunde im Vorhinein Kartoffeln kochen 10 Min. Grillzeit

Zutaten

200 g Kartoffeln (Drillinge)
200 g Halloumi
1 rote Zwiebel
Olivenöl
Salz und Pfeffer

ca. 6 Spieße

Zubereitung

1. Die Kartoffeln 1 Stunde vor dem Grillen in gesalzenem Wasser 10 Minuten kochen und abkühlen lassen.

2. Die Kartoffeln und den Halloumi in gleichgroße Stücke schneiden.

3. Die rote Zwiebel ebenso in ungefähr gleichgroße Spalten schneiden.

4. Abwechselnd Kartoffel- und Halloumistücke und Zwiebelspalten aufspießen.

5. Spieße mit Olivenöl einpinseln und leicht salzen und pfeffern.

6. Die Spieße im **Programm Manuell** (Orange/210 °C) ca. 10 Minuten grillen.

ZUCCHINISCHEIBEN MIT
Kichererbsennudeln und Tomatensauce

2 PERSONEN 5 Min. Vorbereitung 25 Min. Grill- und Kochzeit

Zutaten

1 Zucchini
3 EL Olivenöl
1 TL Thymian
½ TL Paprikapulver
Salz und Pfeffer
250 g Kichererbsennudeln oder andere Nudeln

Zutaten für die Tomatensauce:

½ Zwiebel, gewürfelt
1 Knoblauchzehe, gehackt
1 TL Tomatenmark
1 Dose stückige Tomaten
1 TL Oregano
Salz und Pfeffer
1 Prise Zucker
eine Handvoll Basilikum, gehackt

Zubereitung

1. Die Zucchini in gleichmäßige, dicke Scheiben schneiden.

2. Das Olivenöl, den Thymian und das Paprikapulver mit etwas Salz und Pfeffer vermengen und damit die Zucchinischeiben einpinseln.

3. Die Zucchinischeiben im **Programm Manuell** (Orange/210 °C) 6 Minuten grillen, sodass schöne Grillstreifen entstehen.

4. Die Kichererbsennudeln nach Verpackungsanleitung kochen.

5. Für die Sauce die Zwiebelwürfel und den Knoblauch bei mittlerer Hitze in einem Topf andünsten und dann das Tomatenmark dazugeben.

6. Die Dose stückige Tomaten und den Oregano ebenfalls dazugeben.

7. Wenn die Tomatensauce kocht, mit Salz und Pfeffer und einer Prise Zucker abschmecken. Vom Herd nehmen und den Basilikum untermengen.

8. Nudeln mit Tomatensauce und einigen Scheiben Zucchini servieren.

CRUNCHY AUBERGINE MIT
Panade-Knoblauch-Kruste

2 PERSONEN 5 Min. Vorbereitung 10 Min. Grillzeit

Zutaten

2 kleine Auberginen oder 1 große
10 EL Olivenöl
6 EL Panko Paniermehl
2 Knoblauchzehen, gehackt
2 TL Kräuter der Provence

Zubereitung

1. Das Olivenöl, das Paniermehl, den Knoblauch und die Kräuter der Provence vermischen.

2. Die Auberginen in daumendicke Scheiben schneiden.

3. Jeweils 1 TL Öl-Panko-Mischung auf die Auberginenscheiben verteilen.

4. Auberginenscheiben im **Programm Aubergine** knusprig grillen. Alternativ: 8 Minuten im **Programm Manuell** (Orange/210 °C) grillen.

TIPP:

Statt der Aubergine kann man auch gut andere Gemüsesorten verwenden, z. B. Zucchini- oder Kartoffelscheiben.

KARTOFFEL-ZUCCHINI-PUFFER
mit Kräuterquark

2 PERSONEN 5 Min. Vorbereitung 10 Min. Grillzeit

Zutaten

800 g Kartoffeln
1 Zwiebel
1 Zucchini
2 Eier
4 EL Mehl
2 EL Olivenöl
1 Lauchzwiebel, in Ringen
Salz und Pfeffer
Kräuterquark
Schnittlauch, in Röllchen

Zubereitung

1. Die Kartoffeln und die Zwiebel reiben und die Flüssigkeit rauspressen.

2. Die Zucchini reiben, salzen und 15 Minuten ziehen lassen. Anschließend durch ein Küchentuch pressen und zu den Kartoffeln und Zwiebeln geben.

3. Die Eier, das Mehl, das Olivenöl, die Lauchzwiebel und etwas Salz und Pfeffer zu der Kartoffel-Zucchini-Zwiebel-Mischung geben und gut vermengen.

4. Die Grillplatten des OptiGrills mit einem Küchentuch leicht ölen und aus dem Teig Puffer mit einem Durchmesser von etwa 10 cm formen. Dann auf die Grillplatten geben. Die Puffer im **Programm Kartoffel** knusprig grillen. Alternativ: 10–12 Minuten im **Programm Manuell** (Orange/210 °C) grillen.

5. Kartoffel-Zucchini-Puffer mit einem Kräuterquark als Dip servieren und mit Schnittlauchröllchen garnieren.

CHAFFLES

2 PERSONEN 5 Min. Vorbereitung 5 Min. Grillzeit

Zutaten

2 Eier
100 g Käse, gerieben (z. B. Emmentaler)
2 EL Mehl
Salz und Pfeffer

Zubereitung

1. Die Eier, den Käse und das Mehl vermengen. Anschließend salzen und pfeffern.

2. Jeweils 3 EL Teig im oberen Drittel auf den vorgeheizten OptiGrill geben und im **Programm Manuell** (Orange/210 °C) 3–4 Minuten goldbraun grillen.

TIPP:

Das Wort Chaffles ist eine Mischung der englischen Worte für Käse (cheese) und Waffeln (waffles). Sie sind ein toller Snack zum Frühstück und schmecken köstlich mit beispielsweise knusprigem Bacon!

CHAMPIGNON-SPIESSE
mit Knoblauchdip

2 PERSONEN 5 Min. Vorbereitung 12 Min. Grillzeit

Zutaten

400 g Champignons
1 TL Petersilie, gehackt
1 TL Schnittlauch, in Röllchen
6 EL Olivenöl
1 rote Zwiebel
Salz und Pfeffer

Holzspieße

Zutaten für den Knoblauchdip:

3 EL Joghurt
1 EL Mayonnaise
1 TL Olivenöl
1 TL Petersilie, gehackt
1 TL Schnittlauch, in Röllchen
1 Knoblauchzehe
1 Spritzer Zitrone
Salz und Pfeffer

Zubereitung

1. Zunächst die Zutaten für den Knoblauchdip vermengen.

2. Dann die Champignons putzen. Die Petersilie, den Schnittlauch und das Olivenöl vermengen und über die Champignons geben.

3. Die rote Zwiebel in Spalten schneiden und abwechselnd mit den Champignons auf die Spieße stecken. Die Champignons dabei quer aufspießen.

4. Spieße im **Programm Manuell** (Orange/210 °C) 5-12 Minuten grillen. Die Champignons dabei mit dem Stiel nach oben gerichtet im OptiGrill platzieren.

5. Die Champignon-Spieße zusammen mit dem Knoblauchdip servieren.

GEMÜSE

SÜSSKARTOFFELN

mit Kräuterdip

2 PERSONEN 5 Min. Vorbereitung 10 Min. Grillzeit

Zutaten

2 Süßkartoffeln

Zutaten für die Marinade:

5 EL Olivenöl
1 TL Paprikapulver
½ TL Currypulver
½ TL Salz

Zutaten für den Dip:

150 g Joghurt
50 g Schmand
1 EL Schnittlauch, in Röllchen
1 Spritzer Limettensaft
Salz und Pfeffer

Zubereitung

1. Die Zutaten für den Dip vermengen und mit Salz und Pfeffer abschmecken.

2. Die Süßkartoffeln schälen und in gleichmäßige, etwa 1 cm dicke Scheiben schneiden.

3. Die Zutaten für die Marinade vermengen. Anschließend die Süßkartoffelscheiben darin marinieren.

4. Die Süßkartoffelscheiben im **Programm Kartoffel** grillen. Alternativ: 12 Minuten im **Programm Manuell** (Orange/210 °C) grillen.

5. Gegrillte Süßkartoffelscheiben mit Kräuterdip servieren.

KARTOFFELSCHEIBEN
mit Tomatendip

2 PERSONEN 15 Min. Vorbereitung 10 Min. Grillzeit

Zutaten

250 g Kartoffeln

Zutaten für die Marinade:

3 EL Olivenöl
½ TL Oregano, gerebelt
¼ TL Rosmarin, gehackt
Salz und Pfeffer

Zutaten für den Tomatendip:

200 g stückige Tomaten
2 EL Tomatenmark
1 TL Honig
1 EL Olivenöl
1 TL italienische Kräuter
Salz und Pfeffer

Zubereitung

1. Die Zutaten für den Dip pürieren und mit Salz und Pfeffer abschmecken.

2. Die Kartoffeln schälen und in 1 cm dicke Scheiben schneiden.

3. Die Zutaten für die Marinade vermengen und die Kartoffelscheiben darin marinieren.

4. Kartoffelscheiben im **Programm Kartoffel** grillen. Alternativ: 17–20 Minuten im **Programm Manuell** (Orange/210 °C) grillen.

TIPP:

Am besten funktioniert dieses Rezept auf einem XL Modell, da man so mehrere Scheiben gleichzeitig grillen kann.

KÜRBISSPALTEN

2 PERSONEN 5 Min. Vorbereitung 10 Min. Grillzeit

Zutaten

1 Hokkaido Kürbis

Zutaten für die Marinade:

4 EL Olivenöl
1 Knoblauchzehe, gepresst
1 TL Chilipulver
¼ TL Cumin gemahlen
½ TL Salz

Zubereitung

1. Den Kürbis in gleichmäßige, fingerdicke Scheiben schneiden.

2. Die Zutaten für die Marinade vermengen und die Kürbisspalten darin marinieren.

3. Kürbisspalten im **Programm Kartoffel** weich grillen. Alternativ: 10 Minuten im **Programm Manuell** (Orange/210 °C) grillen.

4. Die gegrillten Kürbisspalten am besten mit einem frischen Kräuterdip servieren.

TOMATE MOZZARELLA
Bruschetta

2 PERSONEN 10 Min. Vorbereitung 8 Min. Grillzeit

Zutaten

1 Baguette, in Scheiben
50 g Tomaten, klein gewürfelt
1 Packung Mozzarella in Lake, klein gewürfelt
2 EL Olivenöl
Salz und Pfeffer
Basilikum

Zubereitung

1. Die Tomaten- und Mozzarellawürfel vermengen, das Olivenöl dazugeben und mit Salz und Pfeffer abschmecken.

2. Die Baguettescheiben im **Programm Sandwich** knusprig grillen.

3. Das Baguette anschließend mit der Tomate-Mozzarella-Mischung belegen und mit etwas Basilikum dekorieren.

KNUSPRIGER CHEESE-
Oregano Wrap

2 PERSONEN 5 Min. Vorbereitung 5 Min. Grillzeit

Zutaten

6 kleine Wraps
100 ml Olivenöl
2 EL Parmesan, gerieben
2 EL Oregano
½ TL Knoblauchpulver
½ TL Salz
Pfeffer

Zubereitung

1. Das Olivenöl mit dem Parmesan, dem Oregano, dem Knoblauchpulver, dem Salz und etwas Pfeffer vermischen.

2. Die Wraps von beiden Seiten mit der Öl-Mischung bestreichen und anschließend nacheinander 3–4 Minuten im **Programm Manuell** (Orange/210 °C) knusprig grillen.

3. Als Beilage servieren.

TIPP:

Wenn man die Wraps nach dem Grillen direkt in Form eines Tacos bringt und so auskühlen lässt, kann man diese super füllen. Zum Beispiel mit dem köstlichen Salat mit Hähnchenbrustfilet von Seite 39.

JUICY-DATTELN
im Speckmantel

2 PERSONEN 10 Min. Vorbereitung 9 Min. Grillzeit

Zutaten

18 Sukkari Datteln
(alternativ Medjool Datteln)
9 Scheiben Bacon

6 Holzspieße

Zubereitung

1. Die Holzspieße 10 Minuten vorher wässern.

2. Die Datteln anschneiden, die Kerne entfernen und wieder verschließen.

3. Die Baconscheiben quer halbieren und die Datteln damit einwickeln.

4. Je 3 Bacon-Datteln auf einen Holzspieß aufspießen.

5. Datteln im Speckmantel im **Programm Manuell** (Orange/210 °C) 9 Minuten grillen.

SÜSSES

HONIGBANANE

2 PERSONEN 5 Min. Vorbereitung 10 Min. Grillzeit

Zutaten

2 Bio-Bananen
Blütenhonig
helle und dunkle Schokolade

Zubereitung

1. Die Bananen oben längs einschneiden.
2. Anschließend 8–10 Minuten im **Programm Manuell** (Orange/210 °C) weich grillen.
3. Schale öffnen, mit etwas Honig beträufeln und helle und dunkle Schokolade über die Banane raspeln.

TIPP:

Wer keinen Honig mag, kann die Banane vor dem Grillen mit Schokolade bestücken.

OPTIGRILL-WAFFEL MIT
Vanille- und Erdbeersauce

Für dieses Rezept benötigen Sie die Waffelplatten von Tefal, die es als Backzubehör für die „OptiGrill +"-Modelle und den „OptiGrill Elite" gibt.

2 PERSONEN 40 Min. Vorbereitung 5 Min. Grillzeit

Zutaten

250 g Mehl
1 Packung Vanillinzucker
eine Prise Salz
½ Päckchen frische Hefe (etwa 21 g)
¼ Tasse warme Milch
2 Eier
150 g Butter
¼ Tasse Wasser
120 g Hagelzucker
Puderzucker
Erdbeersauce

Zutaten für die Vanillesauce:

175 ml Milch
1 EL Zucker
½ Vanilleschote
1 Ei
200 g Sahne
½ TL Stärke

Zubereitung

1. Für den Teig das Mehl, den Vanillinzucker und das Salz vermengen. In einer Tasse die Hefe in lauwarmer Milch zerbröckeln und auflösen.

2. Die Hefemilch, die Eier und die Butter zum Mehl dazugeben und gut, am besten mit einem Schneebesen oder Handrührgerät, verrühren. Das Wasser nach und nach dazugeben. Dabei darauf achten, dass der Teig nicht zu feucht wird.

3. Den Teig eine halbe Stunde an einem warmen Ort abgedeckt gehen lassen.

4. Nach dem Gehen, den Hagelzucker unterrühren.

5. Jeweils 3 EL Teig im oberen Drittel auf den vorgeheizten OptiGrill geben und im **Programm Manuell** (Orange/210 °C) 3–4 Minuten goldbraun ausbacken.

6. Die Waffeln mit Puderzucker bestreuen und zusammen mit der Vanille- und der Erdbeersauce servieren.

Zubereitung der Vanillesauce:

1. Die Milch, den Zucker und das Vanillemark in einem Topf aufkochen lassen.

2. Parallel dazu das Ei schlagen, die Sahne und die Stärke dazugeben und alles miteinander verrühren.

3. Die Sahne-Ei-Mischung in die Vanille-Milch einrühren, aufkochen lassen und dann vom Herd nehmen.

GEGRILLTE APFELSCHEIBEN
mit Vanille-Joghurt

2 PERSONEN 5 Min. Vorbereitung 10 Min. Grillzeit

Zutaten

1 Apfel
400 g Joghurt
1 Vanilleschote
3 TL Zucker + etwas mehr zum Bestreuen
Zimt
3 Macadamianüsse

Zubereitung

1. Den Joghurt mit dem Mark der Vanilleschote und 3 TL Zucker gut verrühren.

2. Den Apfel mit einem Apfelentkerner entkernen und in daumendicke Scheiben schneiden.

3. Die Apfelscheiben leicht mit etwas Zucker und Zimt bestreuen und anschließend im **Programm Manuell** (Orange/210 °C) 4 Minuten grillen.

4. Die Apfelscheiben nochmals leicht mit Zimt berieseln und im Joghurt platzieren.

5. Die Macadamianüsse hacken oder über den Joghurt raspeln.

TIPP:

Wer mag kann auch noch etwas helle und dunkle Schokolade über den Apfel raspeln.

ARME RITTER ERDBEERE

2 PERSONEN 5 Min. Vorbereitung 10 Min. Grillzeit

Zutaten

Briochebrot
1 Ei
100 ml Milch
½ Packung Vanillinzucker
Erdbeermarmelade
Puderzucker

Zubereitung

1. Das Ei mit der Milch und dem Vanillinzucker gut verrühren.

2. Zwei Scheiben Briochebrot nehmen, die eine Hälfte mit Erdbeermarmelade bestreichen und die zweite Hälfte darauflegen.

3. Das Brioche-Sandwich in der Ei-Milch-Mischung wenden und im **Programm Sandwich** grillen.

4. Die fertigen Armen Ritter mit Puderzucker bestreuen.

HIMBEER-BANANE-SANDWICH

2 PERSONEN 5 Min. Vorbereitung 10 Min. Grillzeit

Zutaten

6 Toastbrotscheiben
2 Bananen
3 TL Mascarpone
150 g Himbeeren

Zubereitung

1. Die Bananen in Scheiben schneiden.
2. Das Toastbrot mit Mascarpone bestreichen und mit den Bananenscheiben und den Himbeeren belegen.
3. Im **Programm Sandwich** grillen.

TIPP:

Je nach Belieben und Saison kann man das Sandwich auch statt mit Himbeeren, mit Kirschen oder anderen Früchten belegen.

Benjamin Hetterich – der Autor

Seit Anfang 2016 ist Benjamin Hetterich als der „OptiGriller" auf YouTube unterwegs und liefert dort seiner treuen Fangemeinde stets neue Köstlichkeiten und zahlreiche Tipps und Tricks rund um den eleganten Kontaktgrill. Mittlerweile betreibt er, neben seinem YouTube-Kanal, auch seinen Blog kontaktgrillen.com, auf dem er offiziell unter der Tefal-Flagge grillt. Der hauptberufliche Bauingenieur grillt und smokt für sein Leben gern und tauscht sich auch auf seinen Social Media Kanälen auf Instagram und Facebook gern mit anderen OptiGrill-Enthusiasten aus.

Benjamin Hetterich lebt mit seiner Frau und seinen drei Söhnen in Frankfurt am Main.

www.youtube.com/DerOptiGriller
www.instagram.com/optigriller
www.facebook.com/OptiGriller

Volker Debus – der Fotograf

Volker Debus ist ein wunderbarer Geschichtenerzähler, der es aufs Feinste versteht, mit seiner Kamera den Spannungsbogen genauso präzise wie authentisch zu entfalten. Der gebürtige Hesse mit Lehr- und Wanderjahren über die nördlichste Metropole Deutschlands in den Osten der USA, passt in keine Schublade. Er beherrscht die gesamte Klaviatur von opulent bis reduziert, setzt den perfekt angerichteten Teller genauso sicher in Szene wie das Portrait der Patissière. Seine Foodfotografie ist die eines Genussmenschen mit Leidenschaft für gutes Essen und Kulinarik, seine Portraits Ausdruck eines sehr feinen Gespürs für den idealen Augenblick.